AF219191

Impressum
Verlag: BABADADA GmbH, Nedderfeld 112 , 22529 Hamburg
Geschäftsführer / Verlagsleitung: Harald Hof
Druck: Books on Demand GmbH, In de Tarpen 42, 22848 Norderstedt

Imprint
Publisher: BABADADA GmbH, Nedderfeld 112 , 22529 Hamburg, Germany
Managing Director / Publishing direction: Harald Hof
Print: Books on Demand GmbH, In de Tarpen 42, 22848 Norderstedt

school
skole

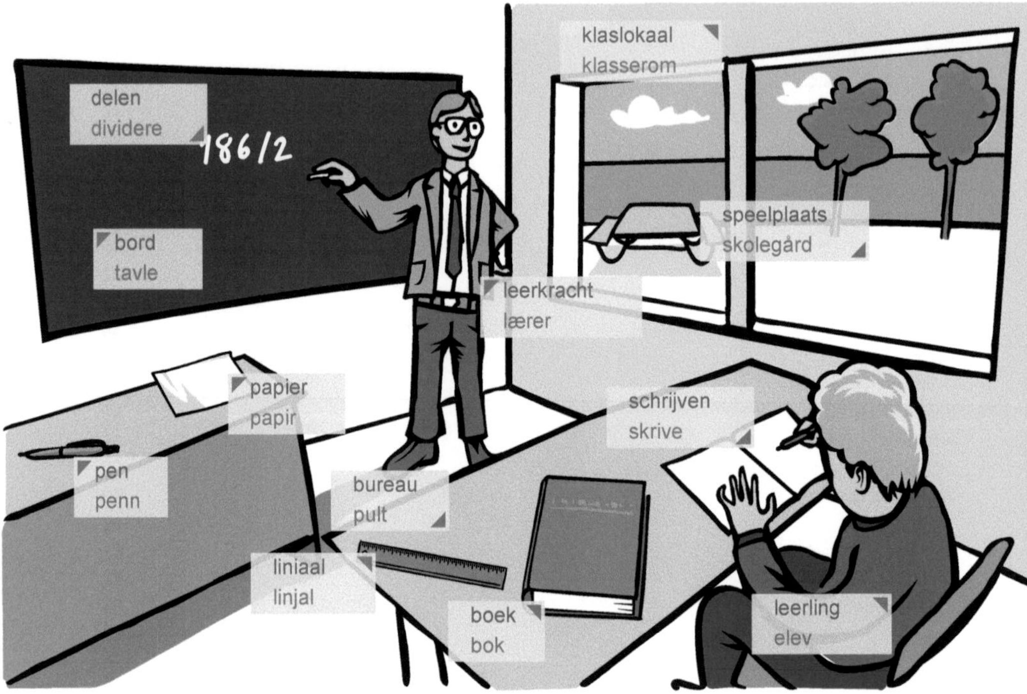
klaslokaal
klasserom
delen
dividere
186/2
bord
tavle
speelplaats
skolegård
leerkracht
lærer
papier
papir
schrijven
skrive
pen
penn
bureau
pult
liniaal
linjal
boek
bok
leerling
elev

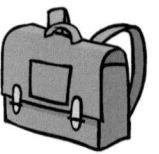

schooltas
ransel

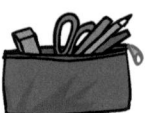

pennenzak
penal

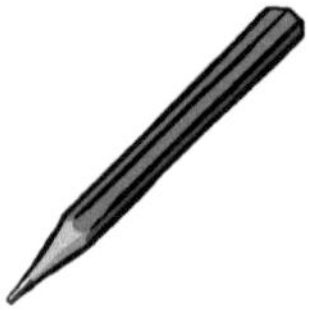

potlood
blyant

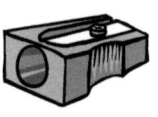

puntenslijper
blyantspisser

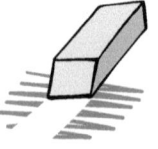

gom
viskelær

tekenblok
tegneblokk

tekening
tegning

verfborstel
pensel

verfdoos
malerskrin

schaar
saks

lijm
lim

werkboek
arbeidsbok

huiswerk
lekse

nummer
tall

optellen
addere

aftrekken
subtrahere

vermenigvuldigen
multiplisere

rekenen
regne

letter
bokstav

alfabet
alfabet

woord
ord

tekst

tekst

Lezen

lese

krijt

kritt

les

skoletime

klassenboek

klassebok

examen

eksamen

certificaat

vitnemål

schooluniform

skoleuniform

onderwijs

utdannelse

encyclopedie

leksikon

universiteit

universitet

microscoop

mikroskop

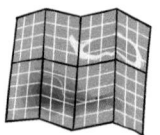

kaart

kart

papiermand

papirkurv

reis
reise

hotel
hotell
Grand
jeugdherberg
pensjonat
ROOMS
wisselkantoor
vekslingskontor
EXCHANGE
koffer
koffert
auto
bil

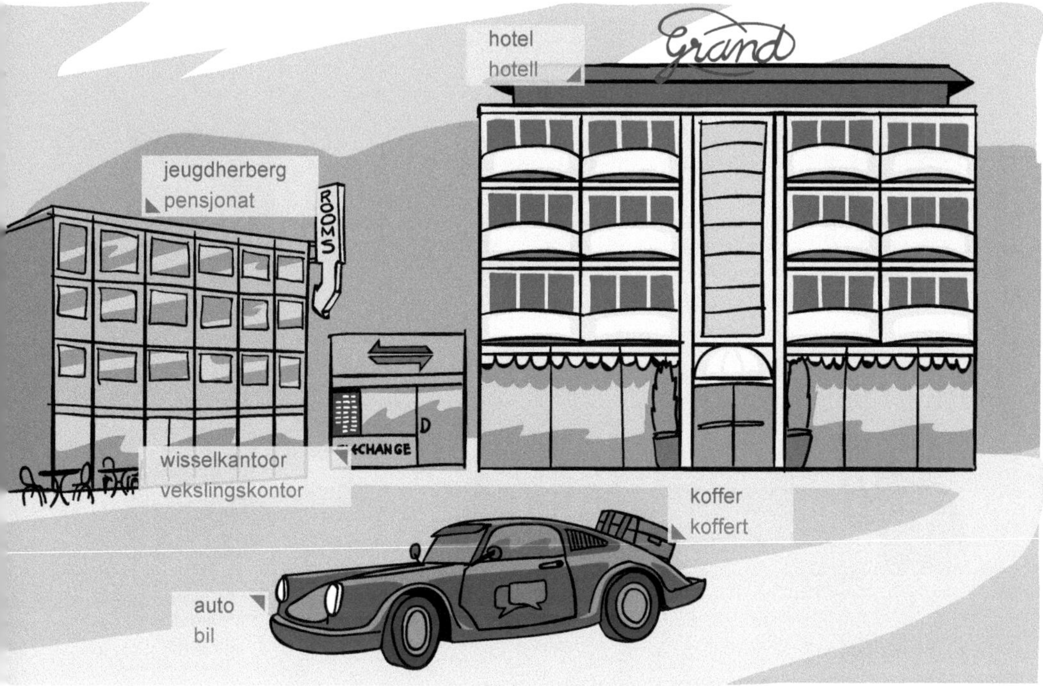

Taal
språk

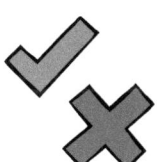

ja / nee
ja / nei

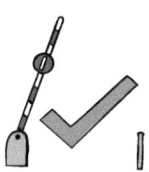

oké
okay

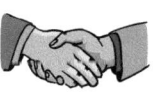

hallo
Hei

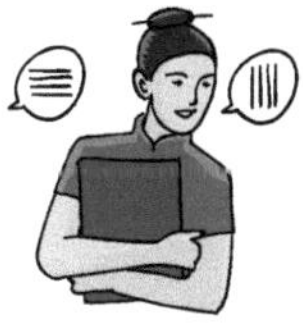

vertaler
tolk

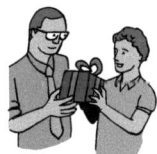

bedankt
takk skal du ha

Hoeveel kost ...?

Hva koster...?

Ik begrijp het niet

Jeg forstår ikke

probleem

problem

Goedenavond!

God kveld!

Goedemorgen!

God morgen!

Goedenavond!

God natt!

Tot ziens

ha det bra

richting

retning

bagage

bagasje

zak

veske

rugzak

ryggsekk

gast

gjest

kamer

rom

slaapzak

sovepose

tent

telt

toeristeninformatie

turistinformasjon

strand

strand

kredietkaart

kredittkort

ontbijt

frokost

lunch

lunsj

avondeten

middag

ticket

billett

lift

heis

postzegel

stempel

grens

grense

douane

toll

ambassade

ambassade

visum

visum

paspoort

pass

transport
transport

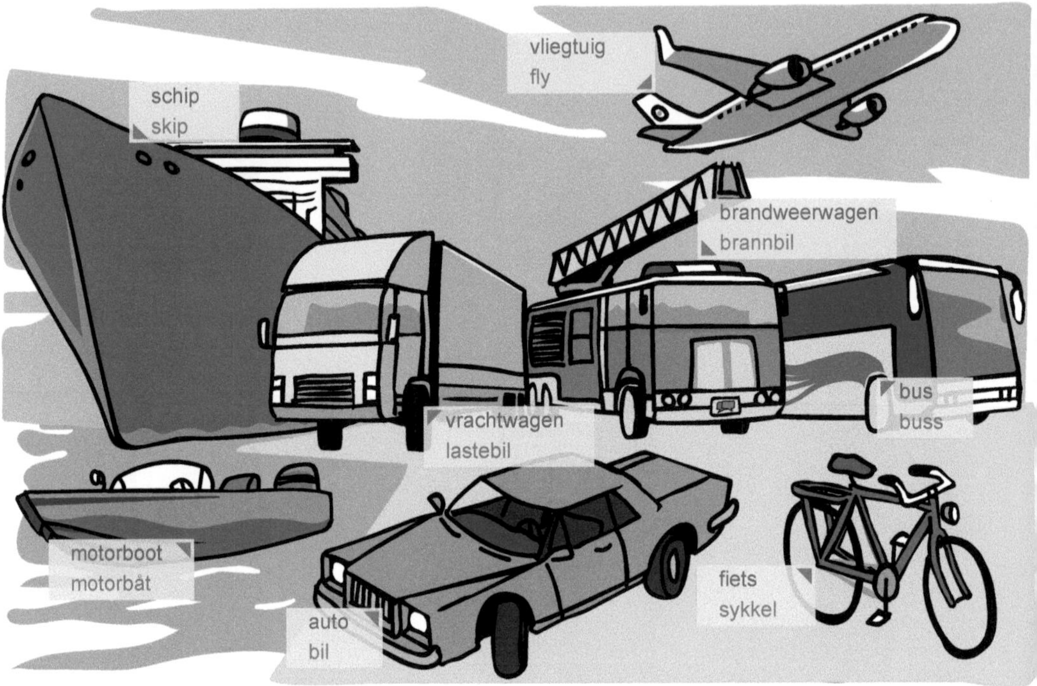

vliegtuig
fly
schip
skip
brandweerwagen
brannbil
bus
buss
vrachtwagen
lastebil
motorboot
motorbåt
fiets
sykkel
auto
bil

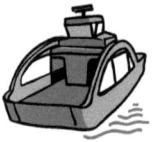

veerboot

ferge

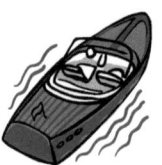

boot

båt

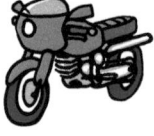

motor

motorsykkel

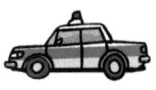

politiewagen

politibil

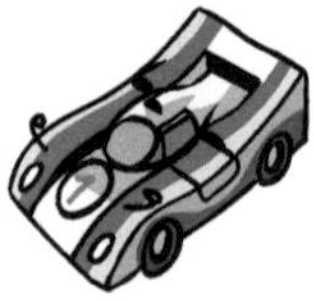

racewagen

racerbil

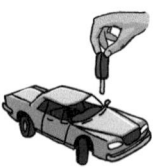

huurauto

leiebil

carpoolen

bilkollektiv

sleepwagen

bergingsbil

vuilniswagen

søppelbil

motor

motor

benzine

brennstoff

benzinestation

bensinstasjon

verkeersbord

trafikkskilt

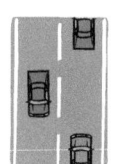

verkeer

trafikk

file

trafikkork

parkeerplaats

parkeringsplass

station

togstasjon

sporen

skinne

trein

tog

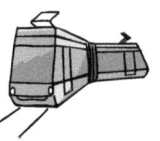

tram

trikk

wagon

vogn

helikopter

helikopter

luchthaven

flyplass

toren

tårn

passagier

passasjer

container

konteiner

karton

kartong

kar

tralle

mand

kurv

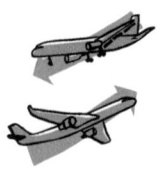

opstijgen / landen

starte / lande

stad

by

dorp

landsby

stadscentrum

sentrum

huis

hus

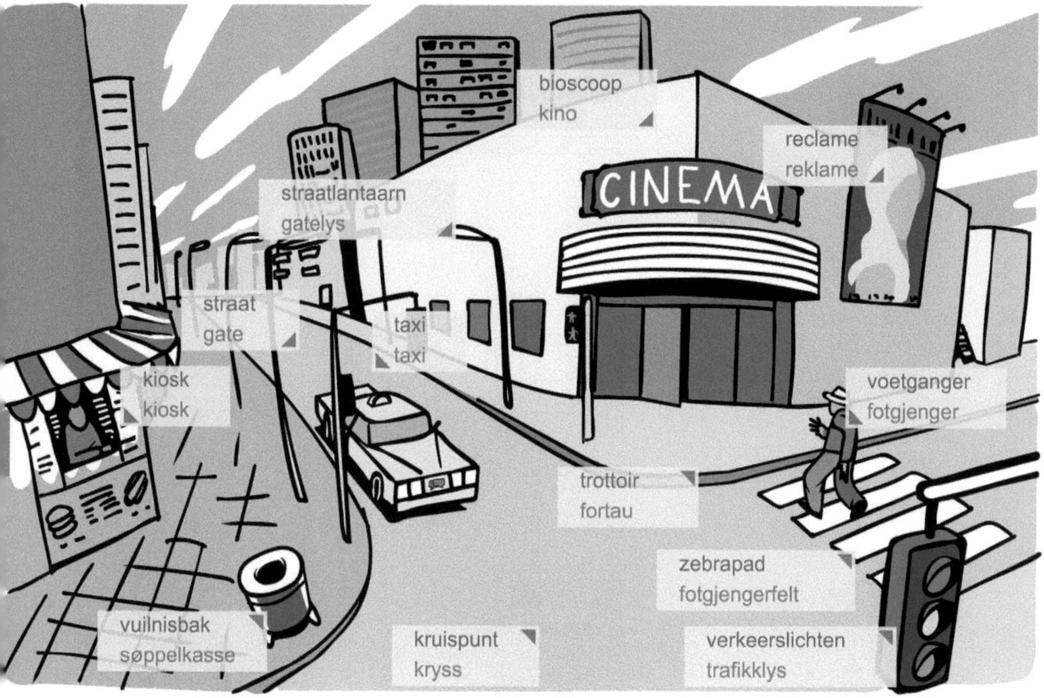

bioscoop
kino

reclame
reklame

straatlantaarn
gatelys

CINEMA

straat
gate

taxi
taxi

kiosk
kiosk

voetganger
fotgjenger

trottoir
fortau

zebrapad
fotgjengerfelt

vuilnisbak
søppelkasse

kruispunt
kryss

verkeerslichten
trafikklys

hut
hytte

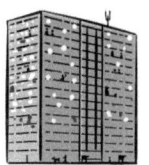

woning
leilighet

station
togstasjon

stadshuis
rådhus

museum
museum

school
skole

universiteit

universitet

bank

bank

ziekenhuis

sykehus

hotel

hotell

apotheek

apotek

kantoor

kontor

boekwinkel

bokhandel

winkel

butikk

bloemenwinkel

blomsterbutikk

supermarkt

matbutikk

markt

marked

warenhuis

varehus

vishandelaar

fiskehandler

winkelcentrum

kjøpesenter

haven

havn

park
park

bank
benk

brug
bro

trap
trapp

metro
t-bane

tunnel
tunnel

bushalte
busstopp

bar
bar

restaurant
restaurant

brievenbus
postkasse

straatnaambord
gateskilt

parkeermeter
parkometer

zoo
dyrehage

zwembad
svømmebasseng

moskee
moské

boerderij
bondegård

milieuverontreiniging
miljøforurensing

kerkhof
kirkegård

kerk
kirke

speelplaats
lekeplass

tempel
tempel

landschap
landskap

blad
blad

wegwijzer
veiviser

weg
vei

weide
eng

steen
stein

boom
tre

wandelaar
turgåer

rivier
elv

gras
gress

bloem
blomst

vallei
dal

heuvel
fjell

meer
innsjø

bos
skog

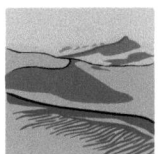

woestijn
ørken

vulkaan
vulkan

kasteel
slott

regenboog
regnbue

paddenstoel
sopp

palmboom
palmetre

mug
mygg

vlieg
flue

mier
maur

bijl
bie

spin
edderkopp

kever

bille

kikker

frosk

eekhoorn

ekorn

egel

piggsvin

haas

hare

uil

ugle

vogel

fugl

zwaan

svane

wild zwijn

villsvin

hert

hjort

eland

elg

dam

demning

windturbine

vindturbin

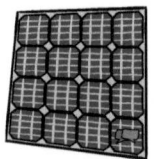

zonnepaneel

solcellepanel

klimaat

klima

restaurant
restaurant

ober
kelner
menu
meny
stoel
stol
soep
suppe
pizza
pizza
bestek
bestikk
tafelkleed
duk

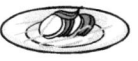

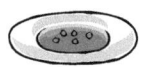

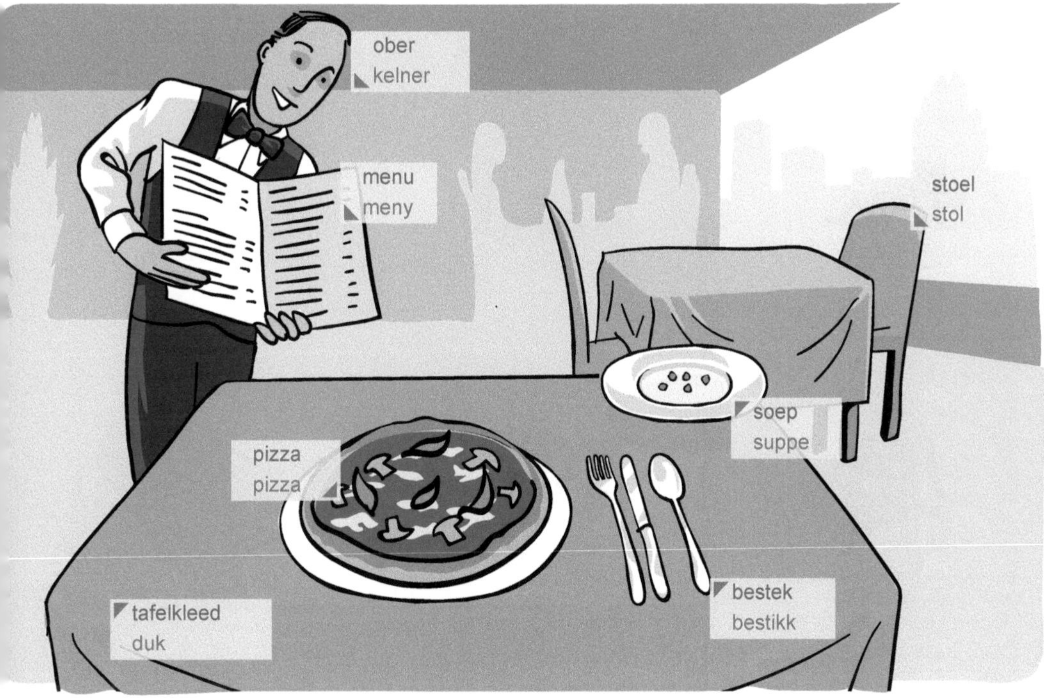

voorgerecht
forrett

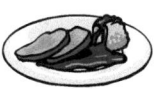

hoofdgerecht
hovedrett

nagerecht
dessert

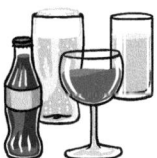

drankjes
drikkevarer

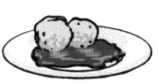

eten
mat

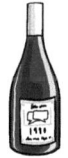

fles
flaske

fastfood

hurtigmat

street food

gatemat

theepot

tekanne

suikerpot

sukkerskål

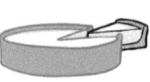

portie

porsjon

espressomachine

espressomaskin

kinderstoel

barnestol

rekening

regning

dienblad

brett

mes

kniv

vork

gaffel

lepel

skje

theelepel

teskje

serviette

serviett

glas

glass

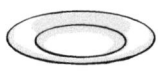

bord
tallerken

soepbord
suppetallerken

schoteltje
skål

saus
saus

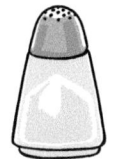

zoutvatje
saltbøsse

pepermolen
pepperkvern

azijn
eddik

olie
olje

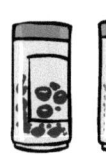

kruiden
krydder

ketchup
ketchup

mosterd
sennep

mayonaise
majones

supermarkt
matbutikk

aanbieding
tilbud
FOR
klant
kunde
zuivelproducten
meieriprodukt
fruit
frukt
winkelwagen
handlevogn

BUTCHERS

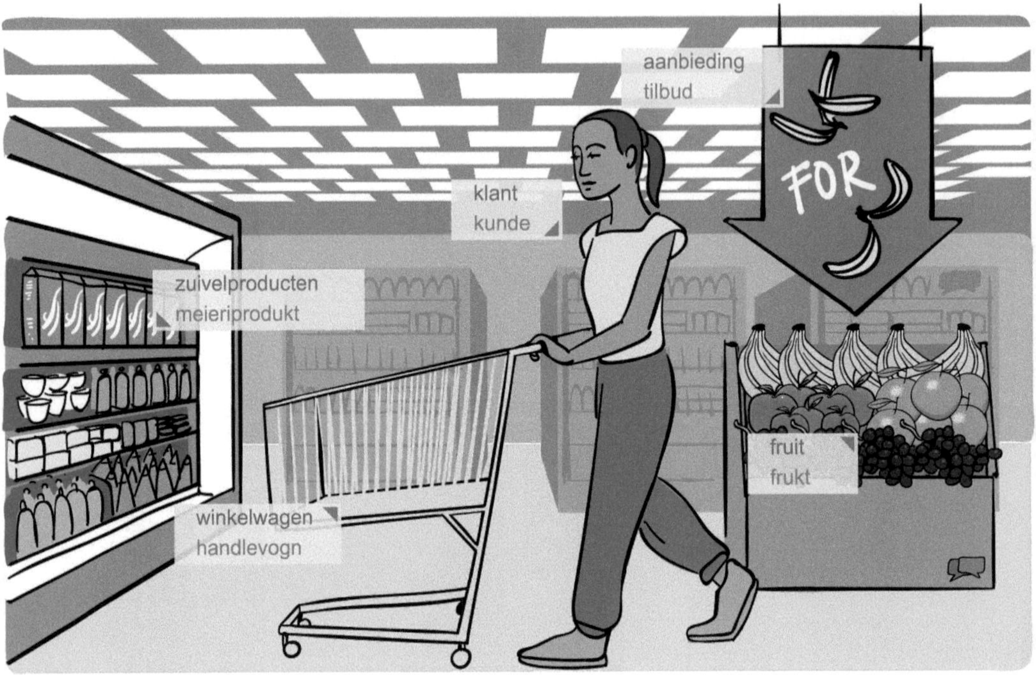

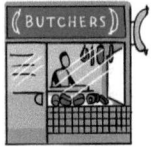

slagerij
slakter

BAKERY

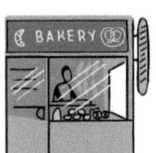

bakkerij
bakeri

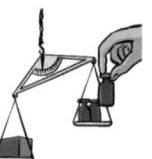

wegen
veie

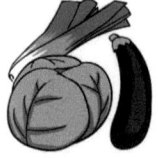

groenten
grønnsaker

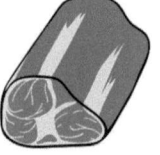

vlees
kjøtt

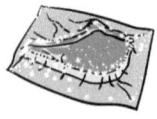

diepvriesvoedsel
frysevarer

charcuterie

oppskåret pålegg

conserven

hermetikk

waspoeder

vaskepulver

snoep

godteri

huishoudproducten

husholdningsprodukter

schoonmaakproducten

rengjøringsmidler

verkoopster

butikkmedarbeider

kassa

kassaapparat

kassier

kasserer

boodschappenlijstje

handleliste

openingstijden

åpningstider

portefeuille

lommebok

kredietkaart

kredittkort

tas

veske

plastieken zakje

plastpose

water

vann

sap

juice

melk

melk

cola

cola

wijn

vin

bier

øl

alcohol

alkohol

cacao

kakao

thee

te

koffie

kaffe

espresso

espresso

cappuccino

cappuccino

banaan

banan

appel

eple

sinaasappel

appelsin

meloen

melon

citroen

sitron

wortel

gulrot

knoflook

hvitløk

bamboe

bambus

ajuin

løk

champignon

sopp

noten

nøtter

noodles

nudler

spaghetti

spagetti

rijst

ris

salade

salat

frieten

pommes frites

gebakken aardappelen

stekte poteter

pizza

pizza

hamburger

hamburger

sandwich

sandwich

kalfslapje

biff

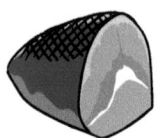

ham

skinke

salami

salami

worst

pølse

kip

kylling

braden

stek

vis

fisk

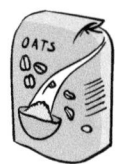

havervlokken

havregryn

muesli

müsli

cornflakes

cornflakes

bloem

mel

croissant

croissant

pistolet

rundstykke

brood

brød

toast

ristet brød

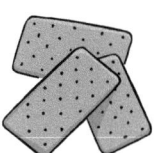

koekjes

kjeks

boter

smør

kwark

kvarg

taart

kake

ei

egg

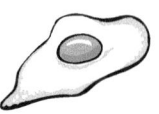

spiegelei

speilegg

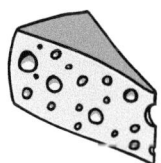

kaas

ost

ijs

iskrem

suiker

sukker

honing

honning

confituur

syltetøy

choco

sjokoladepålegg

curry

karri

boerderij
bondegård

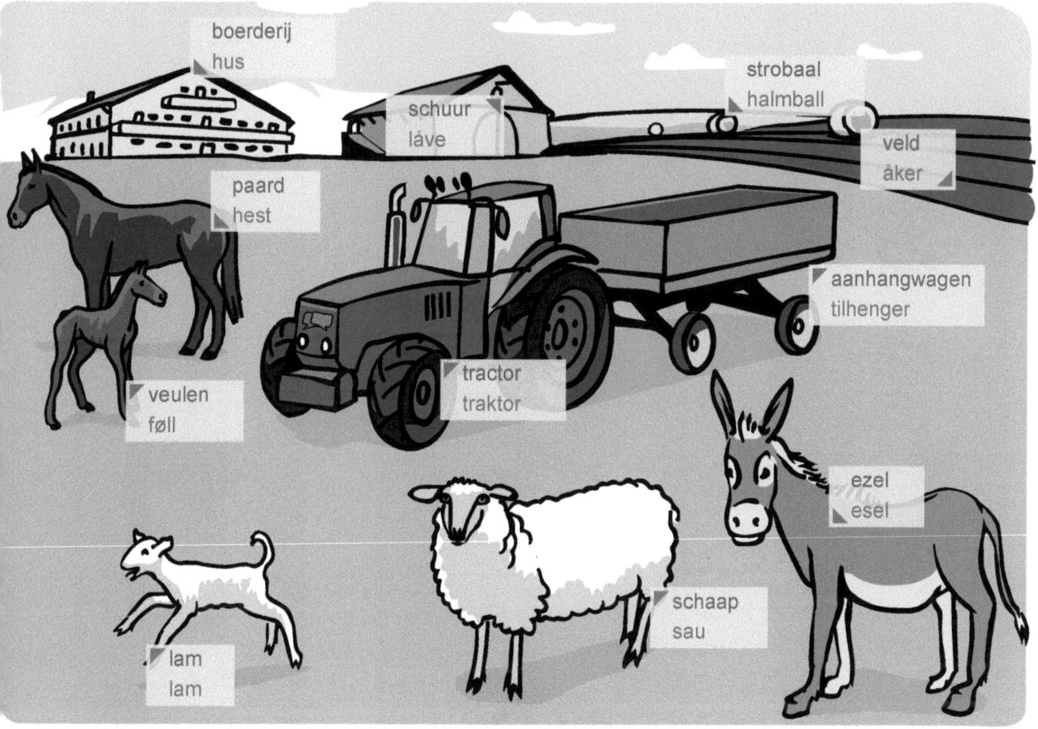

boerderij
hus
schuur
låve
strobaal
halmball
veld
åker
paard
hest
aanhangwagen
tilhenger
tractor
traktor
veulen
føll
ezel
esel
schaap
sau
lam
lam

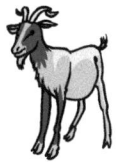

geit
geit

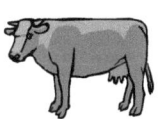

koe
ku

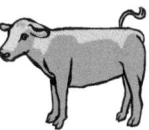

kalf
kalv

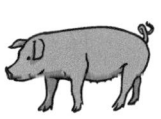

varken
gris

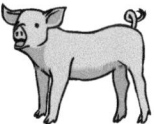

biggetje
grisunge

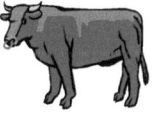

stier
okse

gans
gås

eend
and

kuiken
kylling

kip
høne

haan
hane

rat
rotte

kat
katt

muis
mus

os
okse

hond
hund

hondenhok
hundehus

tuinslang
hageslange

gieter
vannkanne

zeis
ljå

ploeg
plog

sikkel

sigd

schoffel

hakke

hooivork

høygaffel

bijl

øks

kruiwagen

trillebår

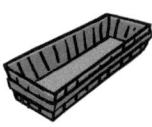

trog

trau

melkkan

melkekanne

zak

sekk

hek

gjerde

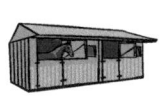

stal

fjøs

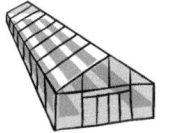

broeikas

drivhus

bodem

jord

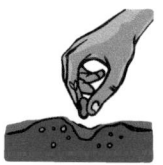

zaad

frø

mest

gjødsel

maaidorser

skurtresker

oogsten

høste

oogst

innhøsting

yam

yams

tarwe

hvete

soja

soja

aardappel

potet

maïs

mais

koolzaad

raps

fruitboom

frukttre

maniok

kassava

graan

korn

huis
hus

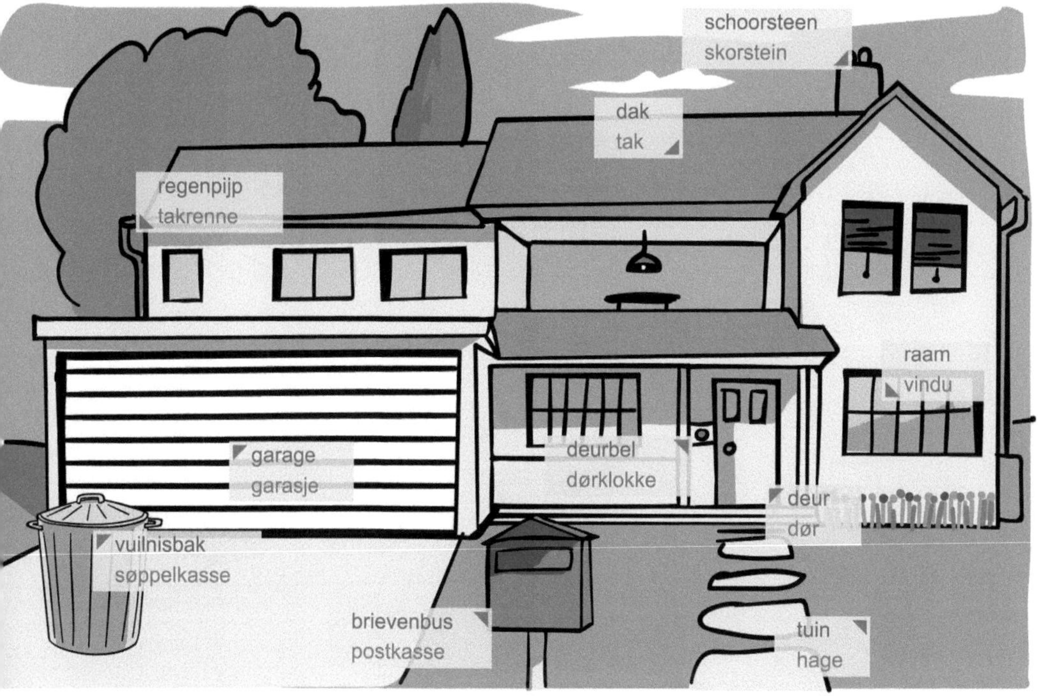
schoorsteen
skorstein
dak
tak
regenpijp
takrenne
raam
vindu
garage
garasje
deurbel
dørklokke
deur
dør
vuilnisbak
søppelkasse
brievenbus
postkasse
tuin
hage

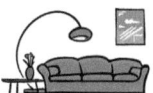

woonkamer

stue

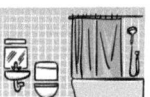

badkamer

bad

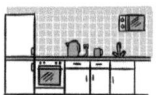

keuken

kjøkken

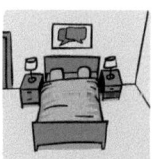

slaapkamer

soverom

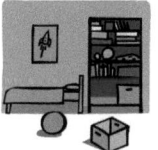

kinderkamer

barnerom

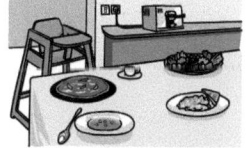

eetkamer

spisestue

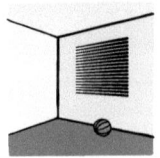

vloer
gulv

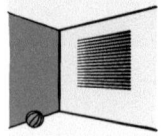

muur
vegg

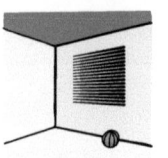

plafond
tak

kelder
kjeller

sauna
badstue

balkon
balkong

terras
terrasse

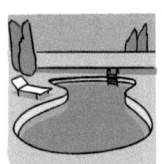

zwembad
svømmebasseng

grasmaaier
gressklipper

dekbedovertrek
laken

dekbed
dyne

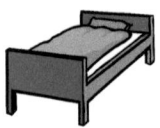

bed
seng

bezem
kost

emmer
bøtte

schakelaar
bryter

woonkamer
stue

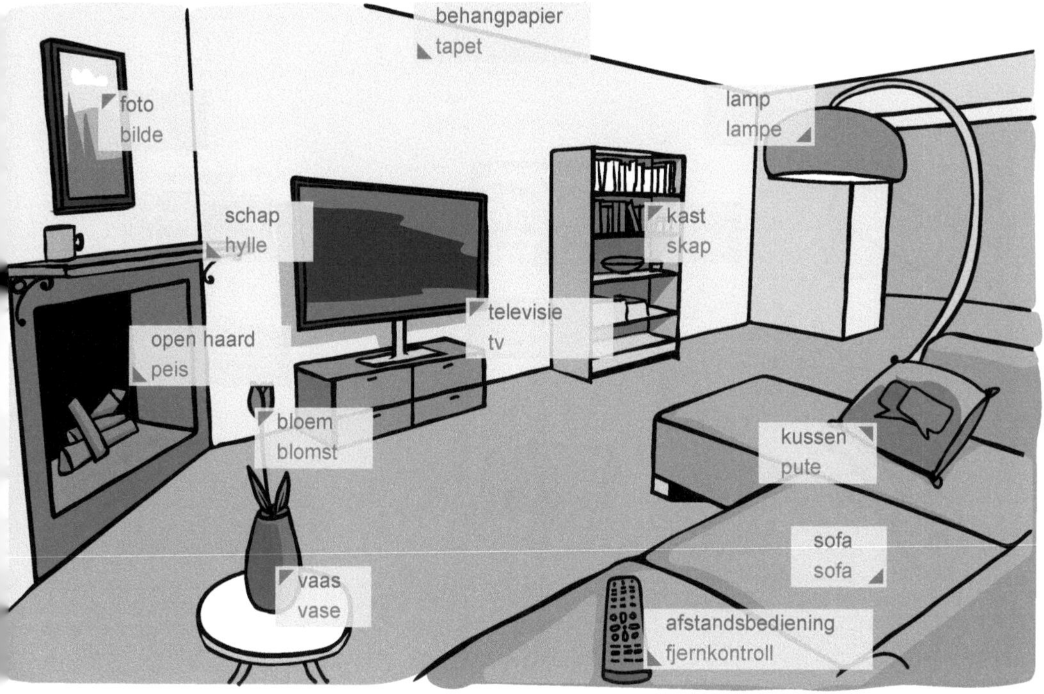

behangpapier
tapet
foto
bilde
lamp
lampe
schap
hylle
kast
skap
televisie
tv
open haard
peis
bloem
blomst
kussen
pute
sofa
sofa
vaas
vase
afstandsbediening
fjernkontroll

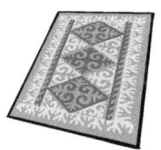

mat
gulvteppe

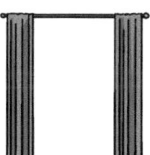

gordijn
gardin

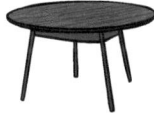

tafel
bord

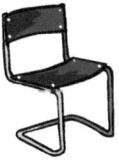

stoel
stol

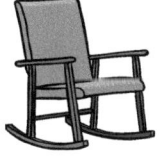

schommelstoel
gyngestol

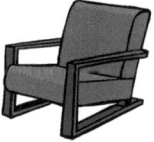

fauteuil
lenestol

boek

bok

deken

teppe

decoratie

dekorasjon

brandhout

ved

film

film

stereo-installatie

stereoanlegg

sleutel

nøkkel

krant

avis

schilderij

maleri

poster

plakat

radio

radio

notitieboekje

notatblokk

stofzuiger

støvsuger

cactus

kaktus

kaars

lys

keuken
kjøkken

koelkast
kjøleskap
microgolfoven
mikrobølgeovn
keukenweegschaal
kjøkkenvekt
broodrooster
brødrister
afwasmiddel
vaskemiddel
oven
ovn
vriesvak
fryser
vuilnisbak
søppelkasse
vaatwasmachine
oppvaskmaskin

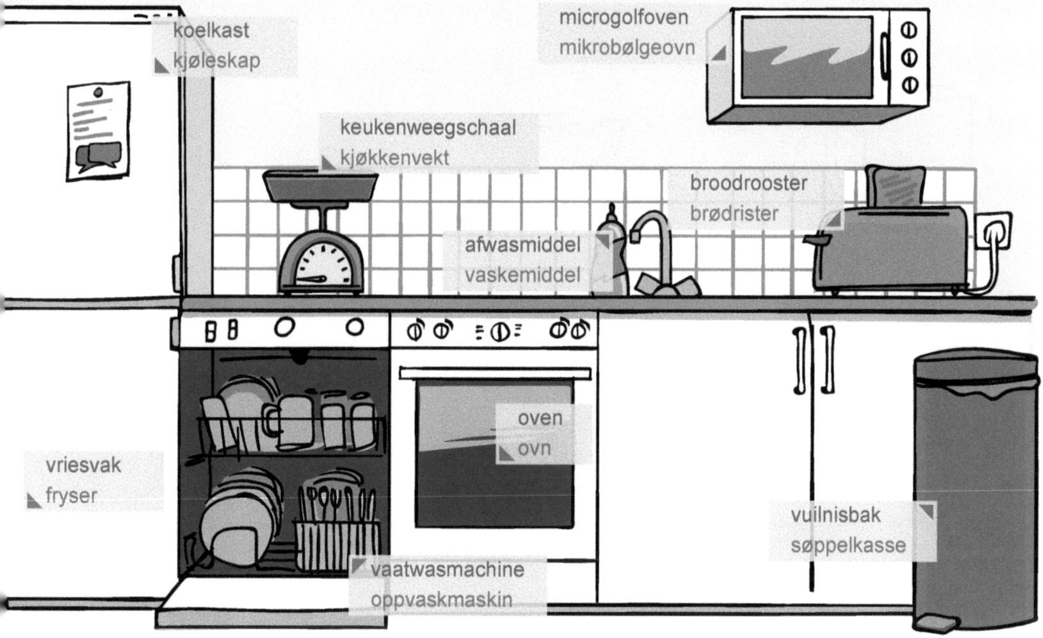

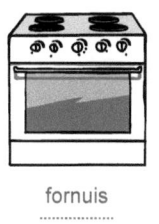

fornuis

komfyr

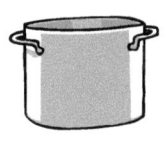

pot

gryte

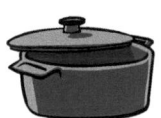

gietijzeren pot

jerngryte

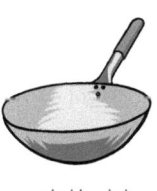

wok / kadai

wokpanne

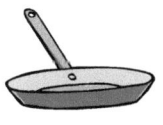

pan

panne

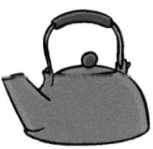

waterkoker

vannkoker

stoomkoker

dampovn

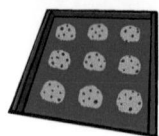

bakplaat

stekebrett

servies

servise

mok

krus

kom

bolle

eetstokjes

spisepinner

pollepel

øse

spatel

stekespade

garde

visp

vergiet

sil

zeef

sil

rasp

rivjern

mortier

mørtel

barbecue

grill

haardvuur

bål

snijplank

skjærefjøl

deegrol

kjevle

kurkentrekker

korketrekker

blik

boks

blikopener

boksåpner

pannenlap

gryteklut

gootsteen

vask

borstel

børste

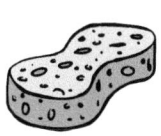

spons

svamp

blender

blender

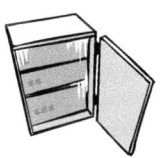

vriezer

fryseboks

papfles

tåteflaske

kraan

kran

badkamer
bad

verwarming
varme
handdoek
håndkle
douche
dusj
douchegordijn
dusjforheng
bubbelbad
skumbad
badkuip
badekar
glas
glass
wasmachine
vaskemaskin
kraan
kran
tegels
fliser
kinderpo
potte
gootsteen
vask

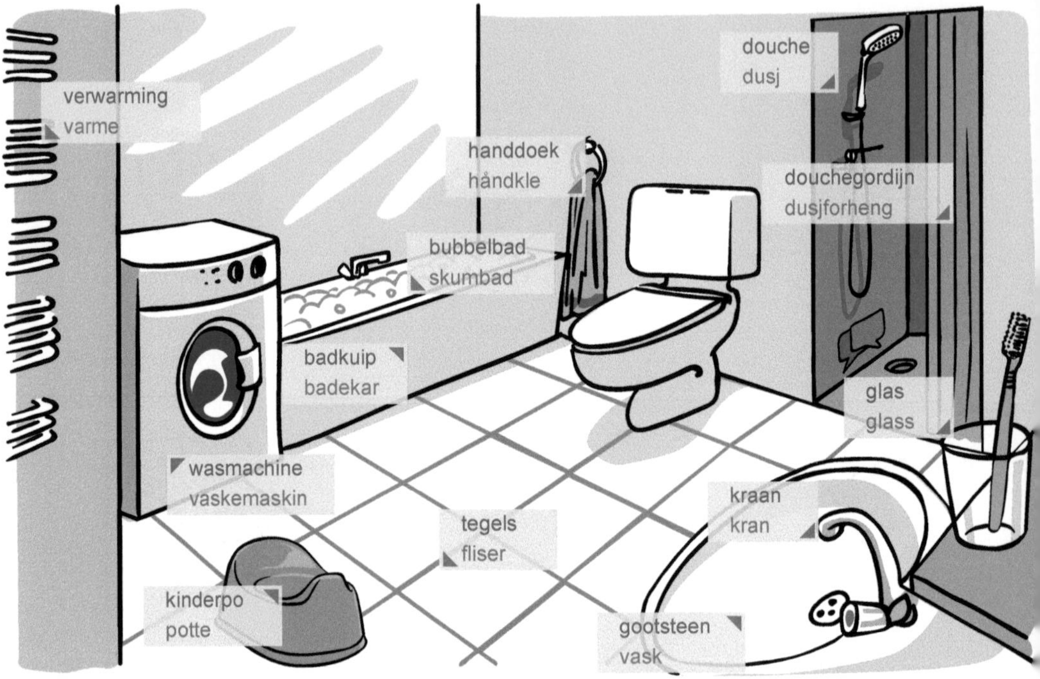

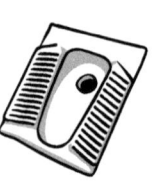

toilet
toalett

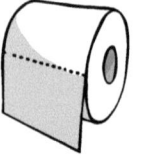

hurktoilet
ståtoalett

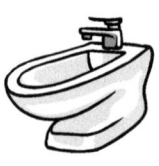

bidet
bidet

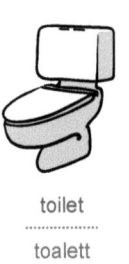

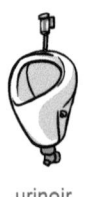

urinoir
pissoar

toiletpapier
toalettpapir

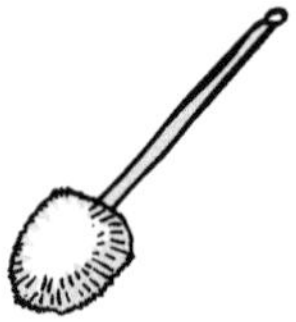

toiletborstel
toalettbørste

tandenborstel

tannbørste

tandpasta

tannkrem

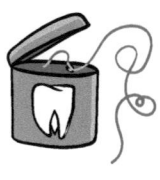

flosdraad

tanntråd

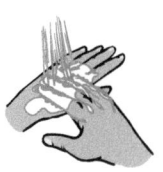

wassen

vaske

handdouche

hånddusj

bidethanddouche

intimdusj

waskom

oppvaskbalje

rugborstel

ryggbørste

zeep

såpe

douchegel

dusjsåpe

shampoo

sjampo

washandje

vaskeklut

afvoer

avløp

crème

krem

deodorant

deodorant

spiegel

speil

handspiegel

håndspeil

scheermes

barberhøvel

scheerschuim

barberskum

aftershave

barberingsvann

kam

kam

borstel

børste

haardroger

hårføner

haarlak

hårspray

make-up

sminke

lippenstift

lebestift

nagellak

neglelakk

watten

bomullsdott

nagelknipper

neglesaks

parfum

parfyme

toilettas

toalettmappe

kruk

krakk

weegschaal

vekt

badjas

badekåpe

latex handschoenen

gummihansker

tampon

tampong

maandverband

sanitetsbind

chemisch toilet

kjemisk toalett

kinderkamer
barnerom

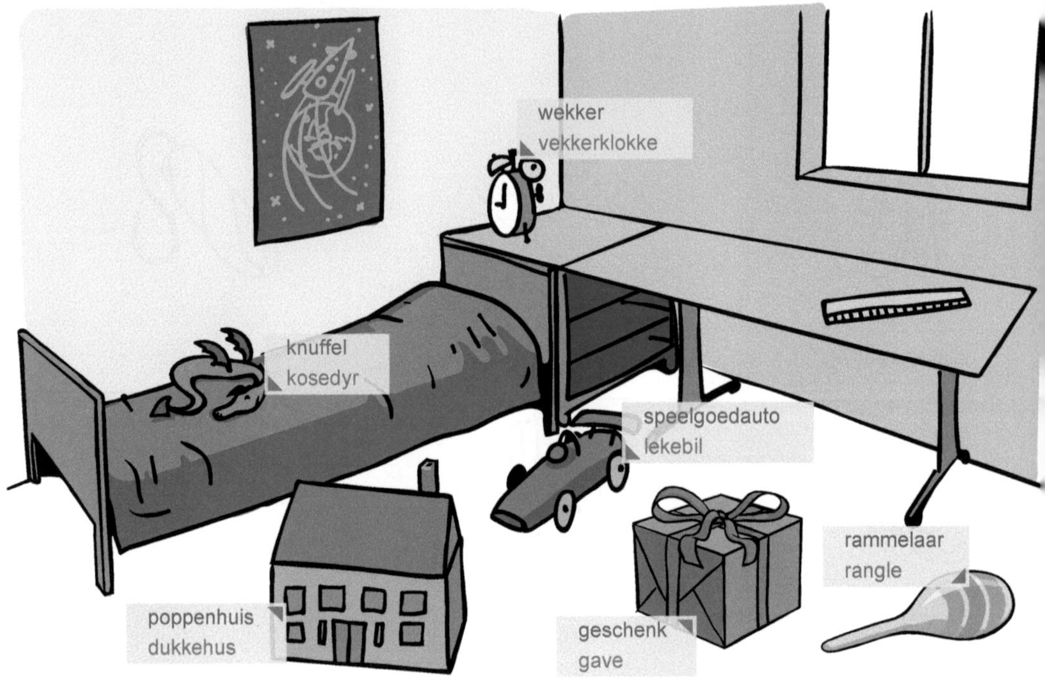

wekker
vekkerklokke
knuffel
kosedyr
speelgoedauto
lekebil
rammelaar
rangle
poppenhuis
dukkehus
geschenk
gave

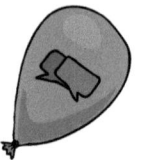

ballon
ballong

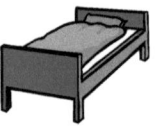

bed
seng

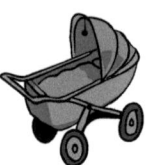

kinderwagen
barnevogn

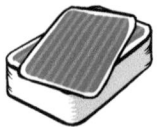

spel kaarten
kortstokk

puzzel
puslespill

SUPER MEGA

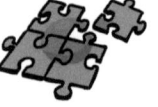

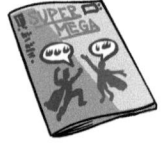

stripboek
tegneserie

legoblokjes

lego klosser

blokken

byggeklosser

actiefiguur

actionfigur

kruippakje

sparkebukse

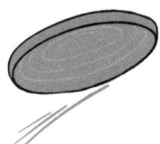

frisbee

frisbee

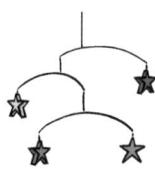

mobiel

uro

bordspel

brettspill

dobbelsteen

terning

modelspoorweg

togbane

fopspeen

smokk

feest

fest

prentenboek

bildebok

bal

ball

pop

dukke

spelen

leke

zandbak

sandkasse

schommel

gynge

speelgoed

leketøy

spelconsole

spillekonsoll

driewieler

trehjulssykkel

knuffelbeer

bamse

kleerkast

garderobeskap

kleding
klær

sokken

sokker

kousen

strømper

maillot

strømpebukse

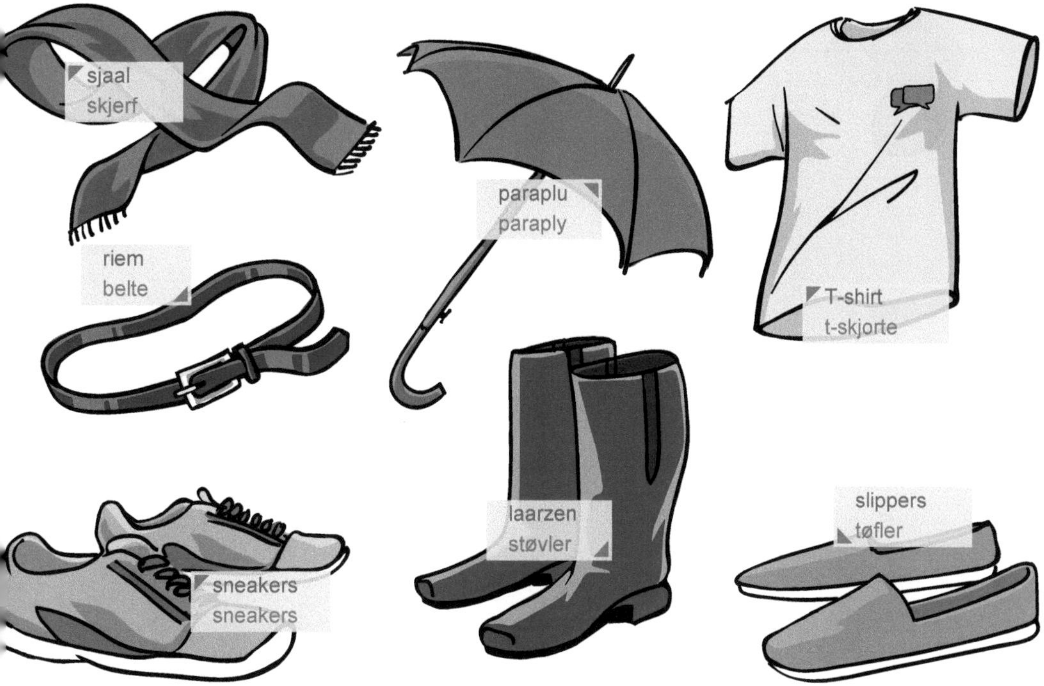

sjaal
skjerf

riem
belte

paraplu
paraply

T-shirt
t-skjorte

sneakers
sneakers

laarzen
støvler

slippers
tøfler

sandalen
....
sandaler

schoenen
....
sko

rubberlaarzen
....
gummistøvler

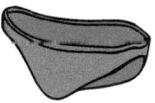
onderbroek
....
underbukse

beha
....
BH

onderhemd
....
undertrøye

lichaam

body

broek

bukse

jeans

dongeribukse

rok

skjørt

blouse

bluse

hemd

skjorte

trui

genser

capuchontrui

hettegenser

blazer

dressjakke

jas

jakke

jas

kåpe

regenjas

regnjakke

kostuum

drakt

jurk

kjole

trouwjurk

brudekjole

pak
dress

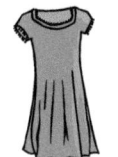

nachthemd
nattkjole

pyjama
pyjamas

sari
sari

hoofddoek
skaut

tulband
turban

boerka
burka

kaftan
kaftan

abaya
abaya

badpak
badedrakt

zwembroek
badebukse

short
shorts

trainingspak
treningsklær

schort
forkle

handschoenen
handske

knoop

knapp

bril

brille

armband

armbånd

ketting

kjede

ring

ring

oorbel

øredobb

pet

lue

kapstok

kleshenger

hoed

hatt

das

slips

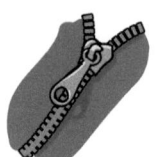

rits

glidelås

helm

hjelm

bretellen

bukseseler

schooluniform

skoleuniform

uniform

uniform

slabbetje

smekke

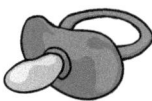

fopspeen

smokk

luier

bleie

kantoor
kontor

server
server

dossierkast
arkivskap

printer
skriver

papier
papir

monitor
skjerm

bureau
pult

muis
mus

map
perm

toestenbord
tastatur

stoel
stol

papiermand
papirkurv

computer
datamaskin

koffiemok

kaffekopp

rekenmachine

kalkulator

internet

internett

laptop

bærbar pc

brief

brev

bericht

beskjed

gsm

mobiltelefon

netwerk

nettverk

kopieerapparaat

kopimaskin

software

programvare

telefoon

telefon

stopcontact

stikkontakt

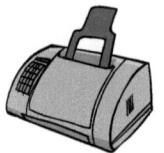

fax

faksmaskin

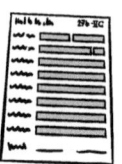

formulier

skjema

document

dokument

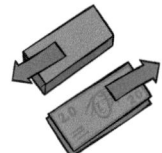

kopen
kjøpe

betalen
betale

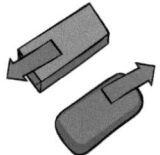

handelen
handle

geld
penger

 USD

dollar
dollar

 EUR

euro
euro

 JPY

yen
yen

 RUB

roebel
rubel

CHF

Zwitserse frank
sveitserfranc

 CNY

Chinese renminbi
renminbi

 INR

roepie
rupi

geldautomaat
minibank

wisselkantoor

vekslingskontor

goud

gull

zilver

sølv

olie

olje

energie

energi

prijs

pris

contract

kontrakt

belasting

avgift

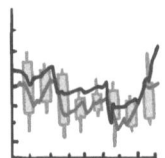

aandeel

aksje

werken

jobbe

werknemer

ansatt

werkgever

arbeitsgiver

fabriek

fabrikk

winkel

butikk

beroepen
yrker

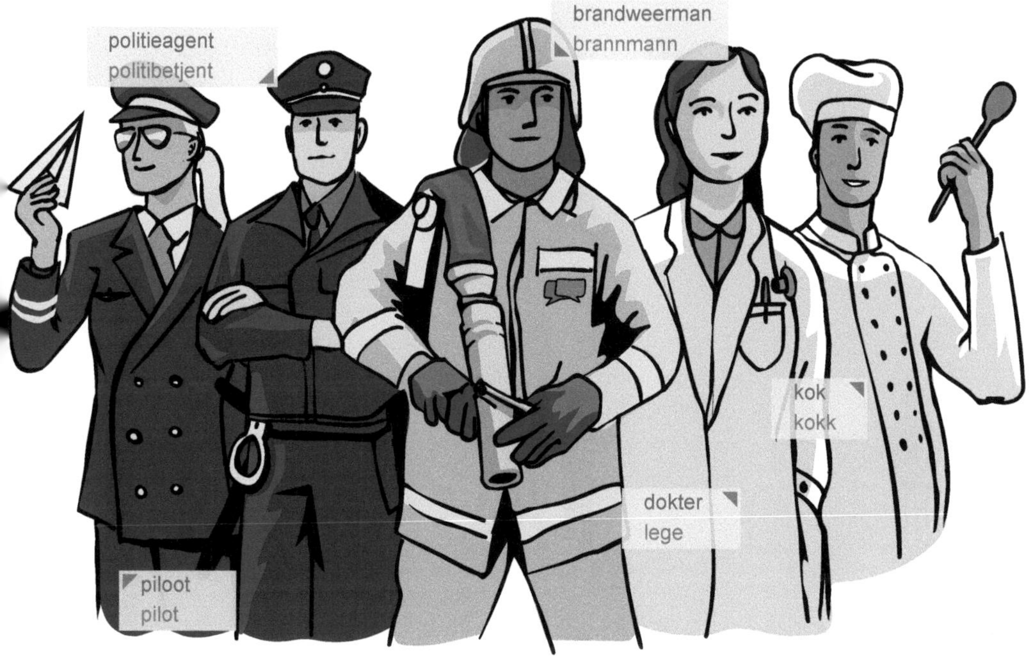
politieagent
politibetjent
brandweerman
brannmann
kok
kokk
dokter
lege
piloot
pilot

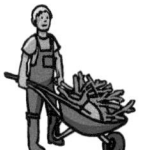

tuinman
gartner

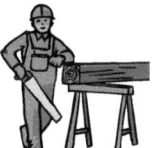

timmerman
snekker

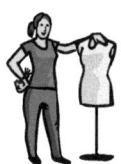

naaister
syerske

rechter
dommer

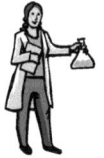

chemicus
kjemiker

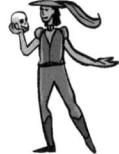

acteur
skuespiller

buschauffeur

bussjåfør

taxichauffeur

taxisjåfør

visser

fisker

schoonmaakster

vaskedame

dakdekker

taktekker

ober

kelner

jager

jeger

schilder

maler

bakker

baker

elektricien

elektriker

bouwvakker

bygningsarbeider

ingenieur

ingeniør

slager

slakter

loodgieter

rørlegger

postbode

postbud

soldaat
soldat

architect
arkitekt

kassier
kasserer

bloemist
blomsterhandler

kapper
frisør

conducteur
konduktør

mecanicien
mekaniker

kapitein
kaptein

tandarts
tannlege

wetenschapper
forsker

rabbijn
rabbi

imam
imam

monnik
munk

geestelijke
prest

werktuigen
verktøy

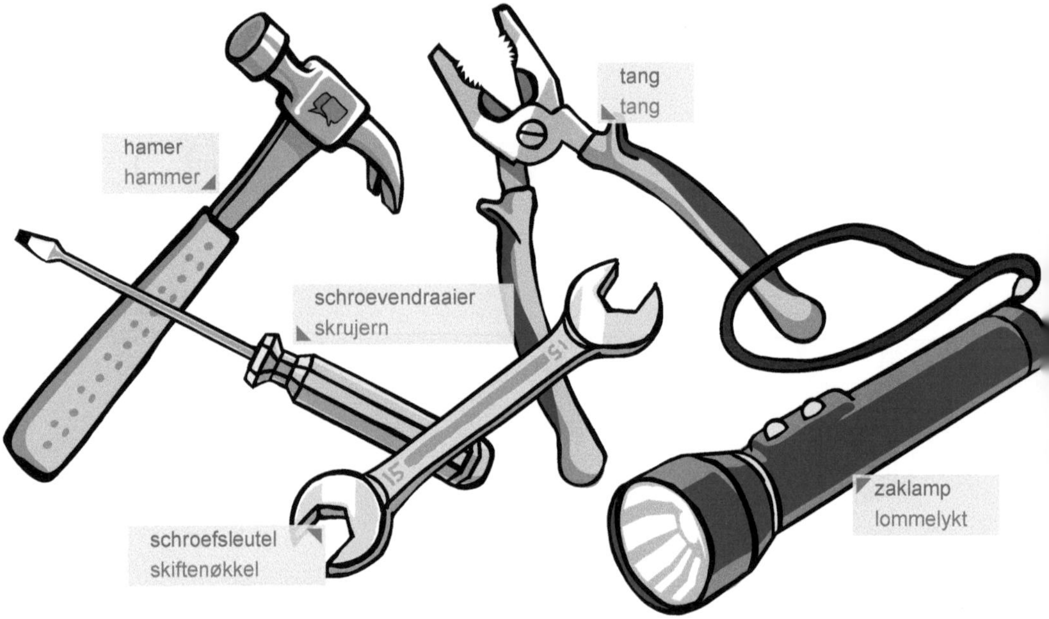
tang
tang
hamer
hammer
schroevendraaier
skrujern
zaklamp
lommelykt
schroefsleutel
skiftenøkkel

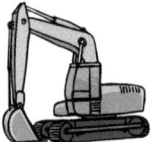

graafmachine
gravemaskin

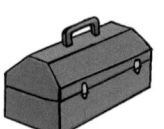

gereedschapskoffer
verktøykasse

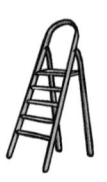

ladder
stige

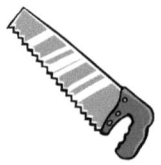

zaag
sag

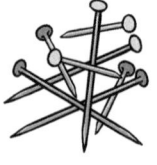

spijkers
spiker

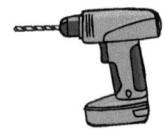

boormachine
bor

repareren
....
reparere

schop
....
spade

Verdomme!
....
Søren!

blik
....
feiebrett

verfpot
....
malingsspann

schroeven
....
skruer

muziekinstrumenten
musikkinstrument

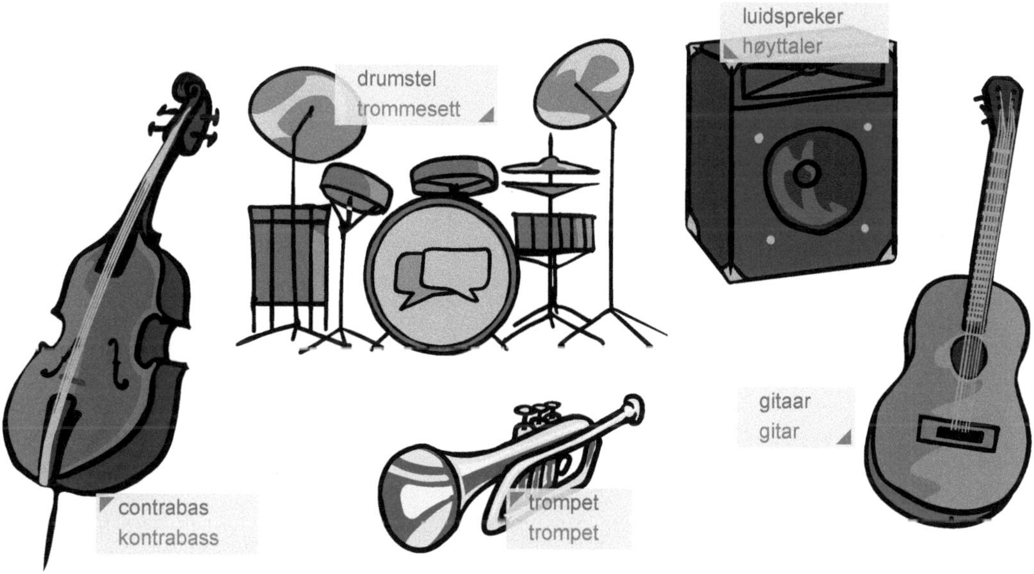

luidspreker
høyttaler

drumstel
trommesett

gitaar
gitar

contrabas
kontrabass

trompet
trompet

piano
piano

viool
fiolin

basgitaar
bass

pauk
pauke

trommels
trommer

keyboard
keyboard

saxofoon
saksofon

fluit
fløyte

microfoon
mikrofon

zoo
dyrehage

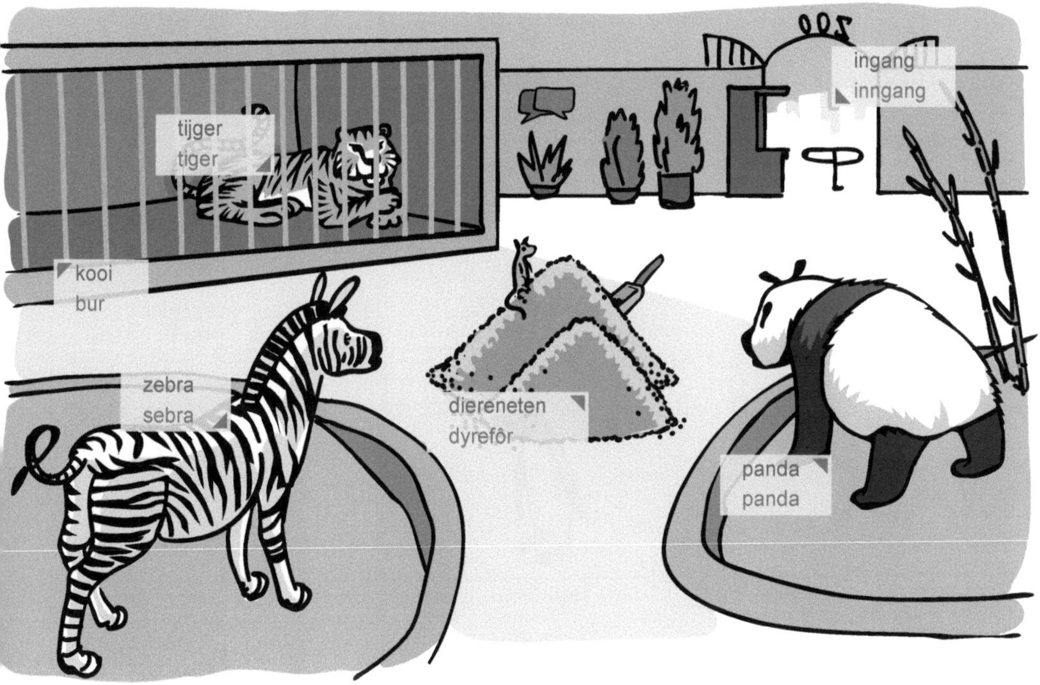
tijger
tiger
kooi
bur
zebra
sebra
diereneten
dyrefôr
ingang
inngang
panda
panda

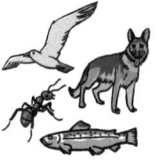

dieren

dyr

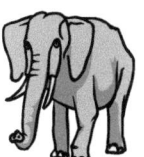

olifant

elefant

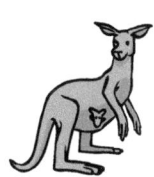

kangoeroe

kenguru

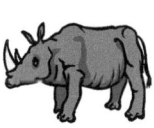

neushoorn

neshorn

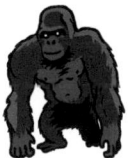

gorilla

gorilla

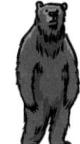

beer

bjørn

kameel
kamel

struisvogel
struts

leeuw
løve

aap
ape

flamingo
flamingo

papegaai
papegøye

ijsbeer
isbjørn

pinguïn
pingvin

haai
hai

pauw
påfugl

slang
slange

krokodil
krokodille

dierenverzorger
dyrepasser

zeehond
sel

jaguar
jaguar

pony

ponni

luipaard

leopard

nijlpaard

flodhest

giraffe

giraff

adelaar

ørn

wild zwijn

villsvin

vis

fisk

zeeschildpad

skilpadde

walrus

hvalross

vos

rev

gazelle

gaselle

rugby
amerikansk fotball

wielrennen
sykling

tennis
tennis

basketbal
basketball

zwemmen
svømming

boksen
boksing

ijshockey
ishockey

voetbal
fotball

badminton
badminton

atletiek
friidrett

handbal
håndball

skiën
stå på ski

polo
polo

springen
hoppe

lachen
le

knuffelen
klemme

wandelen
gå

zingen
synge

dromen
drømme

bidden
be

kussen
kysse

schrijven
skrive

tekenen
tegne

tonen
vise

duwen
trykke

geven
gi

nemen
ta

hebben

ha

doen

gjøre

zijn

være

staan

stå

lopen

løpe

trekken

dra

gooien

kaste

vallen

falle

liggen

ligge

wachten

vente

dragen

bære

zitten

sitte

aankleden

kle på

slapen

sove

ontwaken

våkne

kijken naar

se på

wenen

gråte

aaien

stryke

kammen

gre

praten

snakke

begrijpen

forstå

vragen

spørre

luisteren

høre

drinken

drikke

eten

spise

opruimen

rydde

houden van

elske

koken

lage mat

rijden

kjøre

vliegen

fly

activiteiten - aktiviteter

zeilen

seile

rekenen

regne

Lezen

lese

leren

lære

werken

jobbe

trouwen

gifte seg

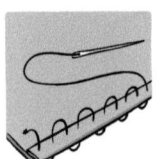

naaien

sy

tandenpoetsen

pusse tenner

doden

drepe

roken

røyke

sturen

sende

familie
familie

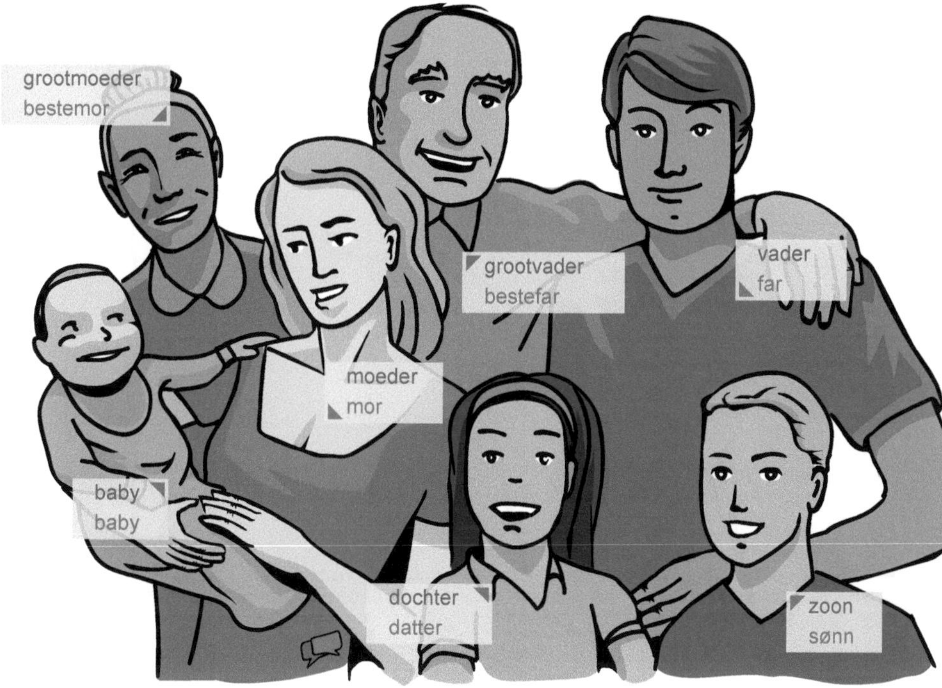
grootmoeder
bestemor
grootvader
bestefar
vader
far
moeder
mor
baby
baby
dochter
datter
zoon
sønn

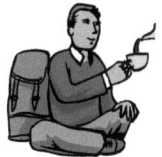

gast

gjest

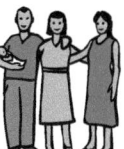

tante

tante

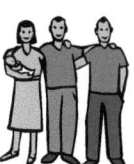

oom

onkel

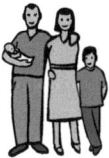

broer

bror

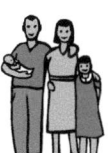

zus

søster

lichaam
kropp

voorhoofd
panne
oog
øye
schouder
skulder
vinger
finger
gezicht
fjes
kin
hake
hand
hånd
been
ben
borst
bryst
arm
arm

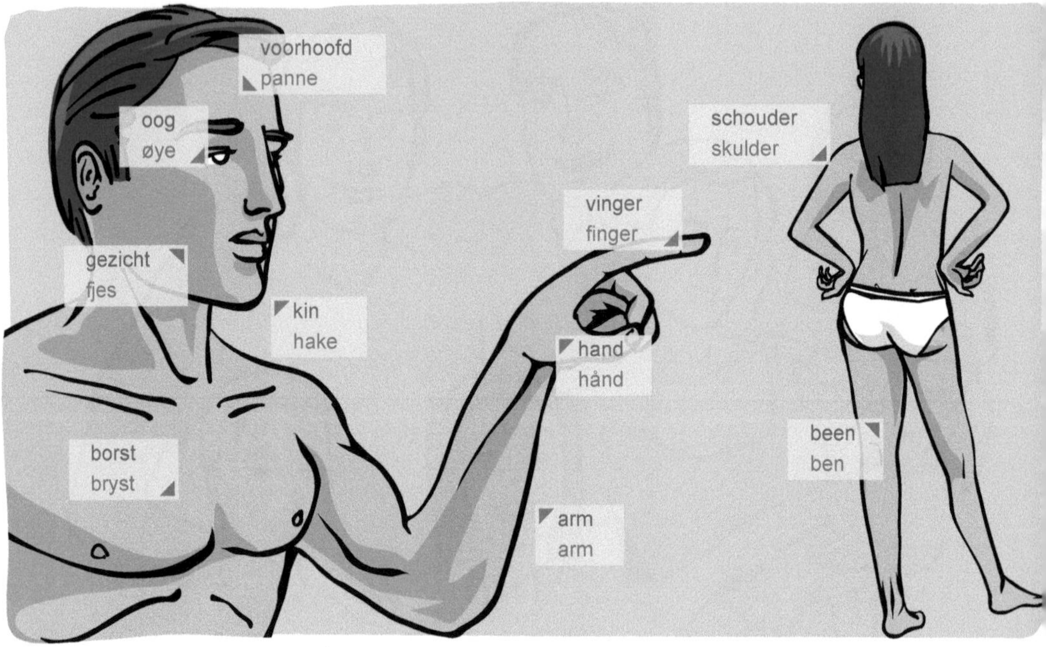

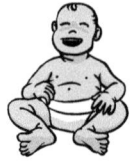

baby
baby

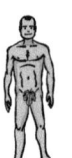

man
mann

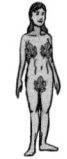

vrouw
kvinne

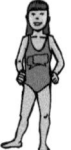

meisje
jente

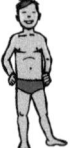

jongen
gutt

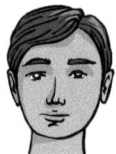

hoofd
hode

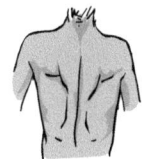

rug
rygg

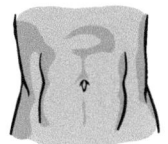

buik
mage

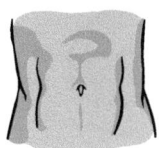

navel
navle

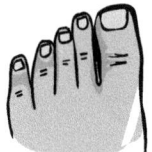

teen
tå

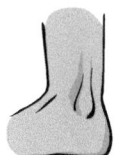

hiel
hæl

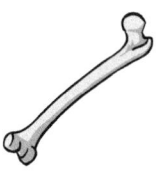

bot
bein

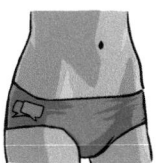

heup
hofte

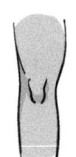

knie
kne

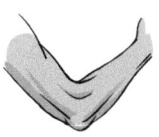

elleboog
albue

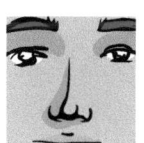

neus
nese

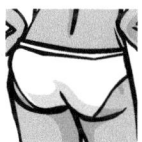

zitvlak
rumpe

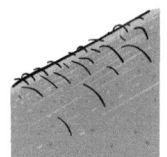

huid
hud

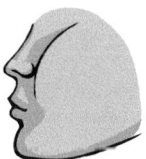

wang
kinn

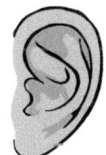

oor
øre

lip
leppe

mond

munn

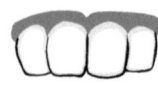

tand

tann

tong

tunge

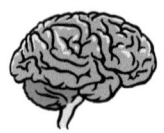

hersenen

hjerne

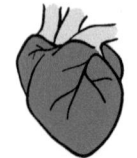

hart

hjerte

spier

muskel

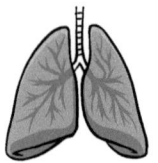

long

lunge

lever

lever

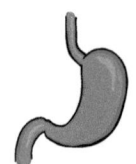

maag

magesekk

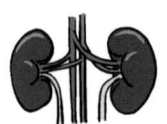

nieren

nyrer

seks

samleie

condoom

kondom

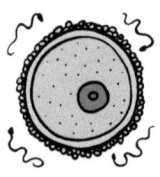

eicel

eggcelle

sperma

sæd

zwangerschap

graviditet

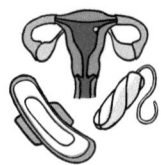

menstruatie

menstruasjon

vagina

vagina

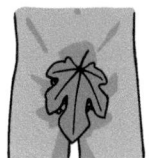

penis

penis

wenkbrauw

øyenbryn

haar

hår

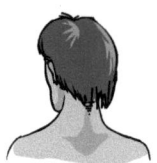

nek

hals

ziekenhuis
sykehus

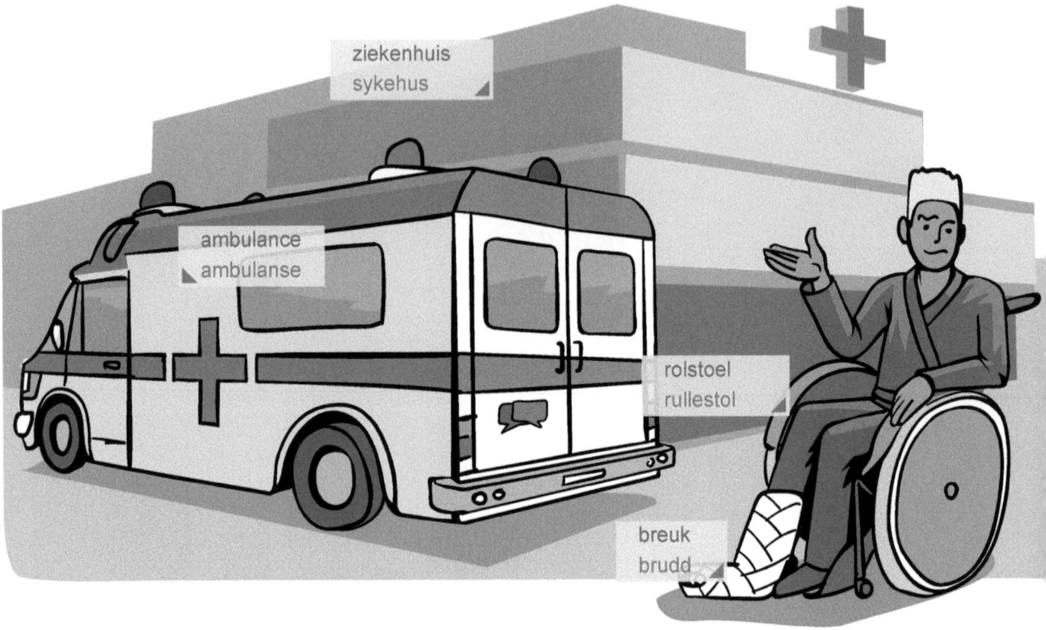

ziekenhuis
sykehus
ambulance
ambulanse
rolstoel
rullestol
breuk
brudd

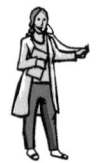

dokter

lege

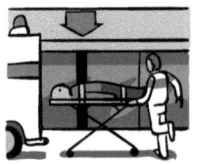

spoed

akuttmottak

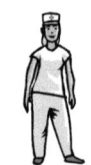

verpleegkundige

sykepleier

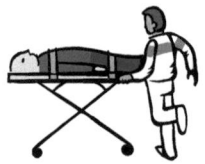

noodgeval

nødsituasjon

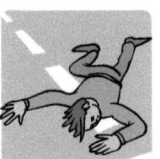

bewusteloos

bevisstløs

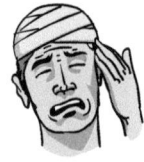

pijn

smerte

verwonding
skade

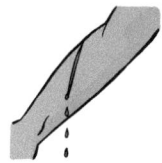

bloeding
blødning

hartaanval
hjerteinfarkt

beroerte
hjerneslag

allergie
allergi

hoest
hoste

koorts
feber

griep
influensa

diarree
diaré

hoofdpijn
hodepine

kanker
kreft

diabetes
diabetes

chirurg
kirurg

scalpel
skalpell

operatie
operasjon

CT

CT

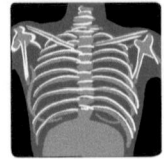

röntgenstraal

røntgen

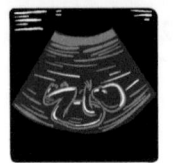

ultrageluid

ultralyd

gezichtsmasker

ansiktsmaske

ziekte

sykdom

wachtkamer

venterom

kruk

krykke

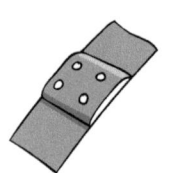

pleister

plaster

verband

bandasje

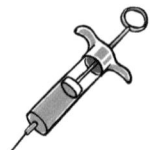

injectie

injeksjon

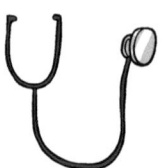

stethoscoop

stetoskop

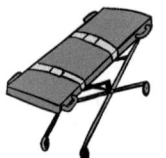

brancard

båre

thermometer

klinisk termometer

geboorte

fødsel

overgewicht

overvekt

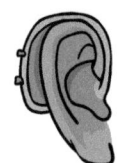

hoorapparaat

høreapparat

ontsmettingsmiddel

desinfeksjonsmiddel

infectie

infeksjon

virus

virus

HIV / AIDS

HIV/AIDS

medicijn

medisin

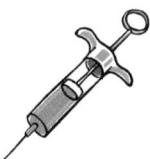

vaccinatie

vaksinasjon

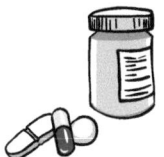

tabletten

tabletter

pil

pille

noodoproep

nødanrop

bloeddrukmeter

blodtrykksmåler

ziek / gezond

syk / frisk

Help!	alarm	overval
Hjelp!	alarm	overfall
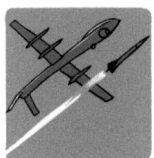		
aanval	gevaar	nooduitgang
angrep	fare	nødutgang

Brand!	brandblusser	ongeval
Brann!	brannslukker	ulykke
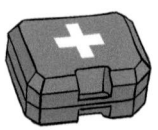		
EHBO-kit	SOS	politie
førstehjelpsskrin	SOS	politi

Europa

Europa

Noord-Amerika

Nord-Amerika

Zuid-Amerika

Sør-Amerika

Afrika

Afrika

Azië

Asia

Australië

Australia

Atlantische Oceaan

Atlanterhavet

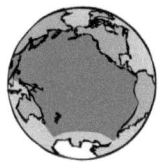

Stille Oceaan

Stillehavet

Indische Oceaan

Det indiske hav

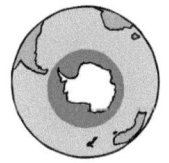

Antarctische Oceaan

Sørishavet

Arctische Oceaan

Nordishavet

Noordpool

Nordpolen

Zuidpool

Sydpolen

Antarctica

Antarktis

aarde

jorden

land

land

zee

sjø

eiland

øy

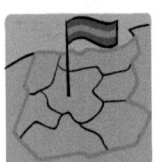

natie

nasjon

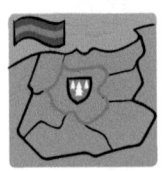

staat

stat

wijzerplaat

urskive

uurwijzer

timeviser

minuutwijzer

minuttviser

secondewijzer

sekundviser

Hoe laat is het?

Hva er klokken?

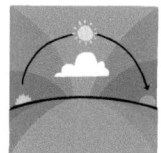

dag

dag

tijd

tid

nu

nå

digitale horloge

digitalklokke

minuut

minutt

uur

time

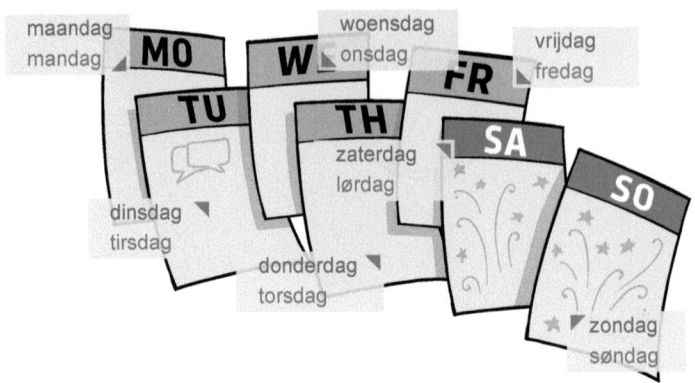

maandag / mandag — MO
woensdag / onsdag — W
vrijdag / fredag — FR
TU
TH
zaterdag / lørdag — SA
SO
dinsdag / tirsdag
donderdag / torsdag
zondag / søndag

gisteren
i går

vandaag
i dag

morgen
i morgen

ochtend
morgen

middag
middag

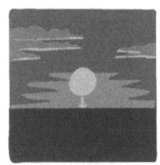

avond
kveld

werkdagen
arbeidsdag

weekend
helg

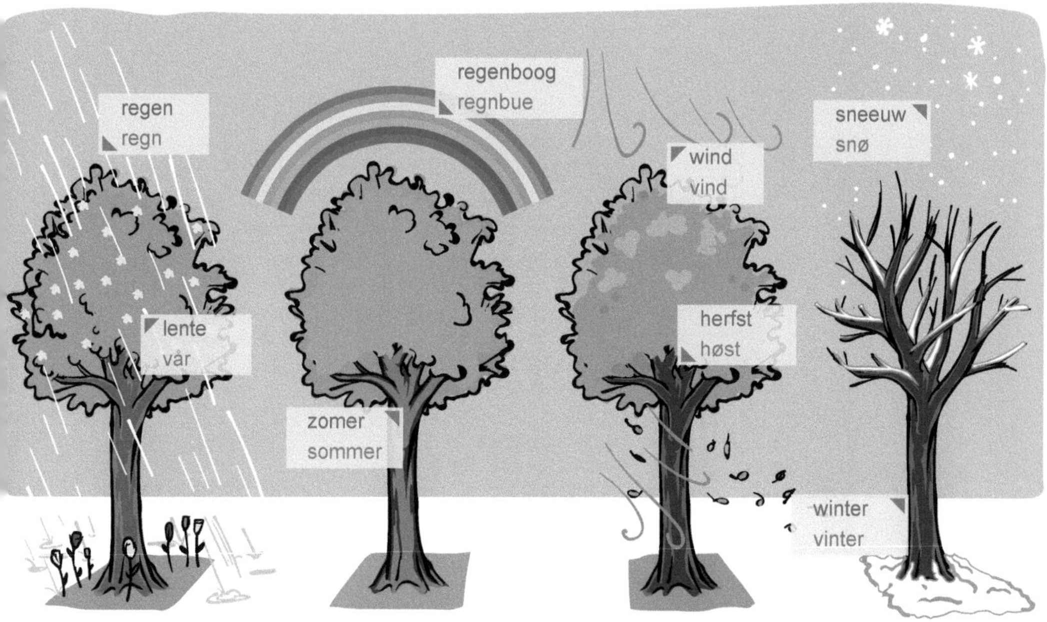

regen
regn
regenboog
regnbue
wind
vind
sneeuw
snø
lente
vår
zomer
sommer
herfst
høst
winter
vinter

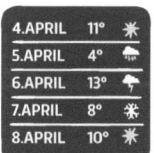

4.APRIL 11°
5.APRIL 4°
6.APRIL 13°
7.APRIL 8°
8.APRIL 10°

weervoorspelling

værmelding

F C
120 40
90 30
60 20
30 10
0 0
-30 -10
-20

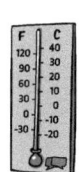

thermometer

termometer

zonneschijn

solskinn

wolk

sky

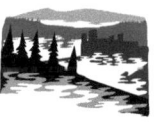

mist

tåke

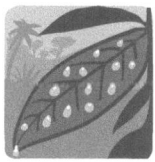

vochtigheid

luftfuktighet

bliksem

lyn

donder

torden

storm

storm

hagel

hagl

moesson

monsun

overstroming

oversvømmelse

ijs

is

januari

januar

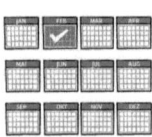

februari

februar

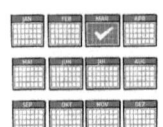

maart

mars

april

april

mei

mai

juni

juni

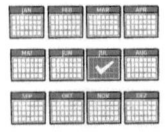

juli

juli

augustus

august

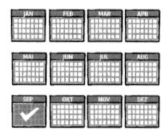

september
....
september

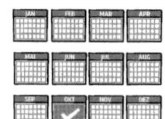

oktober
....
oktober

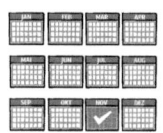

november
....
november

december
....
desember

vormen
former

cirkel
....
sirkel

kwadraat
....
kvadrat

rechthoek
....
rektangel

driehoek
....
triangel

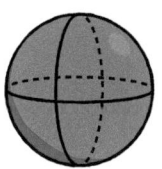

bol
....
kule

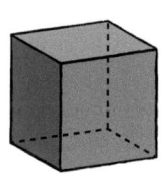

kubus
....
kube

wit

hvit

geel

gul

oranje

oransj

roze

rosa

rood

rød

paars

lilla

blauw

blå

groen

grønn

bruin

brun

grijs

grå

zwart

svart

veel / weinig

mye / lite

boos / kalm

sint / rolig

mooi / lelijk

pen / stygg

begin / einde

start / slutt

groot / klein

stor / liten

licht / donker

lys / mørk

broer / zus

bror / søster

proper / vuil

ren / skitten

volledig / onvolledig

fullstendig / ufullstendig

dag / nacht

dag / natt

dood / levend

død / levende

breed / smal

bred / smal

eetbaar / oneetbaar

spiselig / uspiselig

kwaadaardig / vriendelijk

ond / snill

opgewonden / verveeld

begeistret / lei

dik / dun

tykk / tynn

eerst / laatst

først / sist

vriend / vijand

venn / fiende

vol / leeg

full / tom

hard / zacht

hard / myk

zwaar / licht

tung / lett

honger / dorst

sulten / tørst

ziek / gezond

syk / frisk

illegaal / legaal

ulovlig / lovlig

intelligent / dom

intelligent / dum

links / rechts

venstre / høyre

dichtbij / veraf

nære / langt unna

nieuw / gebruikt

ny / brukt

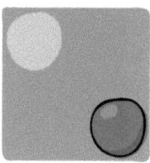

niets / iets

ingenting / noe

oud / jong

gammel / ung

aan / uit

på / av

open / dicht

åpen / stengt

stil / luid

lavt / høyt

rijk / arm

rik / fattig

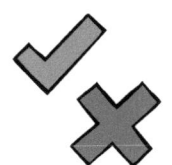

juist / fout

riktig / feil

ruw / glad

ru / glatt

droevig / blij

trist / glad

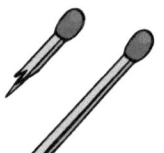

kort / lang

kort / lang

traag / snel

langsom / rask

nat / droog

vått / tørt

warm / koud

varm / lunken

oorlog / vrede

krig / fred

0

nul

null

1

één

en

2

twee

to

3

drie

tre

4

vier

fire

5

vijf

fem

6

zes

seks

7

zeven

sju

8

acht

åtte

9

negen

ni

10

tien

ti

11

elf

elleve

12

twaalf

tolv

13

dertien

tretten

14

veertien

fjorten

15

vijftien

femten

16

zestien

seksten

17

zeventien

sytten

18

achtien

atten

19

negentien

nitten

20

twintig

tjue

100

honderd

hundre

1.000

duizend

tusen

1.000.000

miljoen

million

språk

Engels

engelsk

Amerikaans Engels

amerikansk engelsk

Chinees (Mandarijn)

mandarin

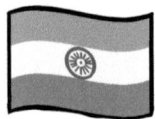

Hindi

hindi

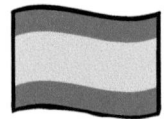

Spaans

spansk

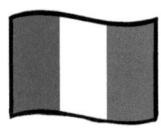

Frans

fransk

Arabisch

arabisk

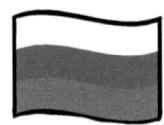

Russisch

russisk

Portugees

portugisisk

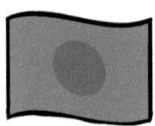

Bengali

bengali

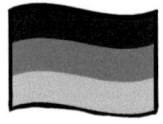

Duits

tysk

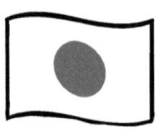

Japans

japansk

ik

jeg

u

du

hij / zij / het

han / hun / det

wij

vi

u

dere

ze

de

wie?

hvem?

wat?

hva?

hoe?

hvordan?

waar?

hvor?

wanneer?

når?

naam

navn

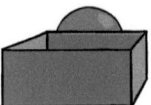

achter

bakom

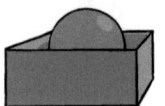

in

i

voor

foran

boven

over

op

på

onder

under

naast

ved siden av

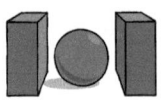

tussen

mellom

plaats

sted